avec les Prix · 1870 — avril — 9

COLLECTION
DE M. DE BOISFREMONT FILS

DESSINS

CROQUIS, ÉTUDES

TABLEAUX ET ESQUISSES

Par PRUD'HON

EXPOSITIONS :

PARTICULIÈRE	PUBLIQUE
Le Jeudi 7 Avril 1870.	*Le Vendredi 8 Avril 1870.*

DE UNE HEURE A CINQ HEURES

VENTE

Le Samedi 9 Avril 1870

A deux heures précises.

Me CHARLES PILLET	FRANCIS PETIT
COMMISSAIRE-PRISEUR	PEINTRE-EXPERT
10, rue Grange-Batelière, 10	7, rue Saint-Georges, 7.

CATALOGUE

DE LA COLLECTION

DE M. DE BOISFREMONT FILS

DESSINS

CROQUIS, ÉTUDES

TABLEAUX ET ESQUISSES

Par PRUD'HON

DONT LA VENTE AURA LIEU

HOTEL DROUOT, Salle N° 8

Le Samedi 9 Avril 1870

A DEUX HEURES PRÉCISES

Par le Ministère de **Me CHARLES PILLET**, Commissaire-Priseur, 10, rue de la Grange-Batelière;

Assisté de M. **FRANCIS PETIT**, expert, 7, rue Saint-Georges.

EXPOSITIONS :

Particulière	*Publique*
LE JEUDI 7 AVRIL 1870	LE VENDREDI 8 AVRIL 1870

DE UNE HEURE A CINQ HEURES

CONDITIONS DE LA VENTE

Elle sera faite au comptant.

Les acquéreurs payeront *cinq pour cent* en sus des enchères.

Paris. – Typ. Pillet fils aîné, rue des Grands-Augustins, 5.

Au moment de présenter en vente cette collection de dessins et tableaux, il nous a semblé indispensable de relater ici les faits suivants pour en bien indiquer la provenance.

En 1864, une vente était annoncée en ces termes :

COLLECTION DE BOISFREMONT

DESSINS ET ESQUISSES

Peintes par PRUD'HON

CROQUIS ET ÉTUDES

COMPOSANT SES PORTEFEUILLES LÉGUÉS PAR LUI A M. DE BOISFREMONT

Et dont la vente aura lieu par suite du décès

DE Mme Vve POWER NÉE DE BOISFREMONT

Les héritiers Prud'hon ayant revendiqué les objets composant cette collection, le Tribunal civil de la Seine (1re chambre), prononçait, le 1er mai 1868, le jugement suivant :

« Le Tribunal,

« Attendu que si les défendeurs ont annoncé la mise en vente de « croquis et études de Prud'hon, composant les « portefeuilles légués par ce peintre à leur père, » et si les demandeurs établissent que ce dernier avait renoncé au legs de leur auteur, il n'y a aucune raison d'en conclure que de Boisfremont père se soit indûment approprié les objets revendiqués ;

« Attendu, au contraire, qu'il résulte de tous les faits de la cause la preuve que de Boisfremont père, après avoir abandonné le bénéfice d'une libéralité qui grevait une succession peu opulente, s'est rendu acquéreur à titre onéreux des tableaux et dessins dont il s'agit, et qu'il est naturel que ces objets aient été conservés et désignés par lui et par sa famille comme composant le legs de Prud'hon, en souvenir de la disposition faite en sa faveur par l'artiste illustre dont il avait été l'ami;

« Attendu, au surplus, que les héritiers de Boisfremont, ayant toujours été, comme leur père, possesseurs de bonne foi, sont fondés à se prévaloir contre les demandeurs des termes de l'article 2279 du Code Napoléon;

« Par ces motifs, déclare les héritiers Prud'hon mal fondés en leur demande, les en déboute et les condamne aux dépens. »

Le 30 janvier 1869, sur l'appel des héritiers Prud'hon, la Cour impériale (1re chambre) adoptant les motifs des premiers juges, a confirmé, etc.

Les objets mis en vente aujourd'hui composent le lot échu à M. de Boisfremont fils dans la succession de son père et forment la dernière partie de la collection sur laquelle la Cour impériale a statué définitivement. Son arrêt rétablit dans leur rigoureuse exactitude, d'après les pièces produites, les faits accomplis en 1823, et l'authenticité de cette remarquable collection est affirmée une fois de plus par la revendication même des héritiers Prud'hon.

DÉSIGNATION

PORTRAITS

L'Impératrice Joséphine

1 — Dessin pour servir au portrait en pied de l'impératrice Joséphine.

Elle est représentée à demi couchée sur un tertre dans les jardins de la Malmaison, une lyre est posée près d'elle.

Ce projet fut choisi parmi les divers autres, présentés par Prud'hon au choix de Sa Majesté.

Haut., 19 cent.; larg., 26 cent.

E. Delacroix écrivait à propos de ce portrait dans la *Revue des Deux-Mondes*.

« Prud'hon a fait de très-beaux portraits, mais

« idéalisés toujours; le choix des fonds, la manière
« dont il les éclaire en font des espèces de poëmes
« comme ses tableaux, nous n'en citerons qu'un
« qui résume les qualités de tous les autres : c'est
« celui de l'impératrice Joséphine ; il a su joindre
« à une ressemblance parfaite, un sentiment d'é-
« lévation exquis dans la pose, dans l'expression
« et dans les accessoires.

« Elle est assise dans les bosquets de la Malmai-
« son, la mélancolie de l'expression fait pressentir
« ses malheurs. »

2 — Dessin pour servir au même portrait en pied de l'impératrice.

Elle est assise sur un tertre dans un parc et tenant des fleurs à la main, on aperçoit au fond une statue.

Haut., 21 cent.; larg., 24 cent.

3 — Dessin pour servir au même portrait en pied de l'impératrice.

Elle est debout dans un parc orné de vases en marbre et d'une fontaine, elle tient des fleurs à la main.

Haut., 28 cent.; larg., 18 cent.

La Reine Hortense.

1.050. 4 — Dessin pour servir à un portrait en pied de la reine Hortense.

Elle est représentée debout appuyée à une balustrade en pierre dans un parc.

Haut., 28 cent.; larg., 18 cent.

5 — Dessin pour servir à un portrait en pied représentant la reine Hortense et ses enfants dans un parc.

Haut., 28 cent.; larg., 20 cent.

6 — Croquis du même portrait.

7 — Croquis du même portrait. Au verso se trouve un autre croquis représentant la reine seule.

Madame D***

8 — Esquisse peinte pour servir à un portrait en pied de Mme D***.

Prud'hon s'est servi pour ce portrait d'une des poses présentées au choix de l'impératrice Joséphine.

Haut., 23 cent.; larg., 16 cent.

9 — Dessin pour le même portrait de Mme D***.

Haut., 27 cent.; larg., 20 cent.

Portrait d'un jeune garçon.

10 — Dessin représentant un enfant jouant avec un gros chien, dont il tient la tête dans ses bras.

Haut., 20 cent.; larg., 15 cent.

11 — Autre dessin pour le même portrait représentant un enfant jouant au cerceau dans un parc,

Haut., 20 cent.; larg., 15 cent.

Portrait de M. de Mesmay, président du Parlement de Besançon.

3.000, 12 — Peinture exposée au Salon de 1808.

Ce portrait faisait partie de la vente Prud'hon en 1823 et de la vente Power en 1864.

Haut., 1 m. 15 cent.; larg., 92 cent.

Divers portraits.

13 — Me Jarre, M. de Sommariva et M. de Mesmay.

Trois croquis réunis dans le même cadre.

COMPOSITIONS DIVERSES

L'Assomption de la Vierge.

14 — Dessin ayant servi pour le tableau du musée du Louvre.

La composition diffère dans quelques parties.

Haut., 30 cent.; larg., 21 cent.

L'Assomption de la Vierge.

15 — Dessin différant complétement du précédent comme composition.

La Vierge est reçue au ciel par la Sainte-Trinité, elle est soutenue par un groupe de petits anges et plus bas sont les archanges qui lui ont fait cortége.

Haut. 43 cent.; larg., 26 cent.

16 — Dessin, première pensée de cette composition.

Haut., 19 cent.; larg., 15 cent.

L'École française.

17 — Dessin rehaussé au lavis d'une composition importante destinée à une des salles de l'Université.

Forme cintrée : haut., 27 cent.; larg., 51 cent.

On lit à ce sujet dans la *Revue des Deux Mondes* un article signé par E. Delacroix, et ainsi conçu :

« On avait chargé Prud'hon de peindre un tableau destiné à une des salles de l'Université et qui devait être de grande dimension, le dessin composé à cet effet existe encore, c'est une pensée analogue à celle de l'école d'Athènes; les diverses facultés y sont représentées avec leurs emblèmes respectifs, il est difficile de connaître la raison qui empêcha Prud'hon de donner suite à ce projet. »

L'Ame brisant les liens qui l'attachent à la terre.

18 — Dessin d'une composition extrêmement cherchée par Prud'hon.

Haut., 41 cent.; larg., 32 cent.

L'âme nue et ailée, dégagée des liens terrestres, repoussant du pied la vie, ce rocher battu par une mer implacable et montant à la lumière, les mains tendues au ciel, elle est l'âme chrétienne dont

Prud'hon jette l'aspiration dans une toile immense en répétant à ses amis ces paroles du psalmiste ;

« Oh ! qui donnera à mon âme comme à la colombe des ailes pour s'envoler au lieu de mon repos. »

EDMOND et JULES DE GONCOURT.

19 — Dessin au trait et légèrement rehaussé, pour la même composition.

Haut., 19 cent.; larg., 11 cent.

20 — Croquis de la même composition.

On lit au bas de ce croquis la légende en latin traduite par MM. de Goncourt.

Vénus au bain.

2.500. 21 — Esquisse peinte pour un tableau désigné à la vente Prud'hon sous le titre de Vénus au bain.

Tableau qui a fait partie de la galerie de Cypierre et de celle du duc de Morny, à la vente de laquelle il était désigné sous le titre de l'Innocence.

Haut., 24 cent.; larg., 19 cent.

Vénus et l'Amour endormi.

22 — Dessin.

Vénus est à demi couchée tenant l'Amour endormi; il est à terre, la tête appuyée sur le corps de la Déesse.

Haut., 6 cent.; larg., 9 cent.

Psyché.

23 — Esquisse peinte représentant Psyché regardant les fourmis accomplissant le travail que Vénus lui avait imposé.

Vente Power 1864.

Haut., 21 cent.; larg., 18 cent.

Le Bivouac.

24 — Esquisse peinte représentant l'empereur Napoléon recevant l'empereur d'Autriche accompagné du prince de Lichtenstein, aux avant-postes de l'armée française après Austerlitz.

Vente Prud'hon 1823.
Vente Power 1864.

Haut., 24 cent.; larg., 32 cent.

L'abondance.

25 — Esquisse peinte pour un panneau de décoration.

Haut., 20 cent.; larg., 12 cent.

L'innocence préfère l'amour à la richesse.

26 — Dessin pour un tableau exécuté par mademoiselle Mayer et exposé au salon de 1804.

La Richesse, sous les traits d'une femme richement vêtue, voit ses présents dédaignés par une jeune fille qui se réfugie sous l'aile de l'Amour.

Livret du salon de 1804.

Haut., 33 cent.; larg., 26 cent.

Le flambeau de Vénus.

27 — Dessin pour un tableau exécuté par mademoiselle Mayer et exposé au salon de 1808.

Vénus, à son réveil, invite toute sa cour à venir puiser des flammes à son flambeau; les Amours accourent en foule autour d'elle, leurs expressions et leurs attitudes annoncent les différents caractères de la passion qu'ils inspirent.

Livret du salon de 1808.

Haut., 13 cent.; larg., 23 cent.

Naïade lutinée par les Amours.

28 — Tableau exécuté par mademoiselle Mayer, et exposé au salon de 1812.

Une jeune Naïade veut éloigner d'elle une troupe d'Amours qui cherchent à la troubler dans sa retraite.

Livret du salon de 1812.

Haut., 1 m. 78 cent.; larg., 1 m. 38 cent.

A propos de ce tableau de mademoiselle Mayer, nous empruntons à l'intéressant ouvrage de MM. Edmond et Jules de Goncourt la notice suivante :

Prud'hon qui n'avait eu que sa mère pour l'aimer ne savait comment payer mademoiselle Mayer de tant de dévouement et de bonheur. Dans sa reconnaissance, il rêvait de partager son talent avec cette « amie de son cœur » ; il voulait l'associer à sa gloire. La preuve de cette générosité du peintre nous la trouvons dans cette suite de neuf dessins, conservée par M. de Boisfremont et qu'on pourrait appeler l'histoire d'un tableau de mademoiselle Mayer. Ce sont toutes les études d'une Naïade lutinée par les Amours et qui, poussée à bout, ne sachant comment s'en débarrasser, leur jette l'eau de son urne. Il faut voir avec quelle patiente application, avec quel cœur, Prud'hon a mis, pour ainsi dire, toute la composition sous la main de mademoiselle Mayer. Il y a des croquis d'ensemble, puis des études séparées où tous les détails sont cherchés et fixés, le mouvement de la Naïade, la débandade de la petite troupe, le culbutis des polissons nus que l'eau cingle ; puis enfin, c'est le corps de la Naïade, une des académies les plus finies, les plus parfaites qui soient sorties du crayon de Prud'hon Mais ce n'est point assez que toutes ces indications qui dictent à mademoiselle Mayer toutes les lignes de son tableau. Prud'hon veut faire passer son pinceau même dans les doigts de mademoiselle Mayer ; à côté des études dessinées, il y a l'esquisse peinte du tableau où Prud'hon donne à mademoiselle Mayer l'accord des tons, les couleurs de la palette, tant il met de soin à la guider, à lui souffler son inspiration, à l'approcher de son génie, tant il met d'ardeur et de patience à essayer de lui donner un peu de son immortalité !

EDMOND et JULES DE GONCOURT.

Ce tableau ne faisait pas partie de la collection de M. de Boisfremont, mais nous avons obtenu de lui la permission de l'y ajouter, pensant combien il pouvait être intéressant de trouver ainsi réunis au même jour ce tableau et les études de maître.

Prud'hon qui avait mis tant de sollicitude à préparer cette œuvre de mademoiselle Mayer ne put résister au désir d'y mettre la main, et en effet il est facile de voir toutes les parties qui ont été terminées par lui, les comptes-rendus du salon de cette époque le disent très-hautement.

Ce tableau appartenait en dernier lieu à la collection du marquis Maison.

Esquisse, dessins et études de Prud'hon pour le tableau de mademoiselle Meyer : Nymphe lutinée par les Amours.

29 — Esquisse peinte.

Cette esquisse présente avec le tableau quelques différences dans la composition.

Haut., 27 cent.; diam., 22 cent.

30 — Dessin de cette composition.

Haut., 54 cent.; larg., 42 cent.

31 — Dessin pour la même composition.

Haut , 23 cent.; larg., 16 cent.

32 — Autre dessin pour la même composition.

Haut., 23 cent.; larg., 20 cent.

33 — Étude de la figure de la naïade.

Haut., 56 cent.; larg., 35 cent.

34 — Deux croquis pour cette figure.

35 — Deux études de différents groupes d'Amours.

L'une de haut., 21 cent., larg. 26 cent.
L'autre de haut., 21 cent.; larg., 13 cent.

36 — Autre croquis d'un groupe d'Amours.

Haut., 12 cent.; larg., 19 cent.

37 — Étude d'une tête d'Amour.

Haut., 17 cent.; larg., 13 cent.

Psyché et l'Amour.

38 — Croquis rehaussé.

Haut., 5 cent.; larg., [illegible] cent.

Diverses compositions.

39 — La Tyrannie, allégorie. La Sagesse et la Vérité descendant sur la terre, Louis XVI recevant le Parlement.

Trois croquis dans le même cadre.

Divers croquis.

40 — Le Tombeau de Patrocle, la Psyché offerte par la ville de Paris à l'impératrice, un lampadaire.

Trois croquis dans le même cadre.

Un mascaron de plafond.

41 — Dessin représentant deux femmes assises à la base d'un piédestal.

ÉTUDES

42 — Etude de femme, pour servir au tableau de Vénus au bain.

Haut. 51 cent.; larg. 34 cent.

43 — Étude d'un Amour pour le tableau de Vénus et Adonis.

Haut., 30 cent.; larg., 20 cent.

44 — Étude de femme assise, les deux bras levés.

Haut., 55 cent.; larg., 40 cent.

45 — Étude d'homme assis sur une urne renversée.

Haut., 55 cent.; larg., 40 cent.

46 — Étude de femme debout appuyée sur une rame.

Haut., 61 cent.; larg., 40 cent.

47 — Étude d'homme debout un bras étendu, l'autre levé.

Haut., 64 cent.; larg., 40 cent.

48 — Étude d'homme, un genou appuyé sur un bloc de rochers.

Haut., 61 cent.; larg., 40 cent.

49 — Étude de femme assise à demi couchée sur un tertre.

Haut., 61 cent.; larg., 42 cent.

50 — Étude de femme debout tenant une lyre.

Haut., 61 cent.; larg., 31 cent.

51 — Étude de femme vue de dos, le coude appuyé.

Haut., 61 cent.; larg., 31 cent.

52 — Étude d'homme debout, les bras attachés au-dessus de la tête.

Haut., 61 cent.; larg., 31 cent.

53 — Étude d'homme assis à demi couché, appuyé sur sa main.

Haut. 44 cent.; larg., 55 cent.

54 — Étude d'homme, les bras liés derrière le dos.

Haut., 61 cent.; larg., 31 cent.

55 — Étude d'homme debout dans l'attitude de la menace.

Haut., 46 cent.; larg., 27 cent.

56 — Étude de femme debout arrangeant sa coiffure.

Haut., 45 cent.; larg., 28 cent.

57 — Étude d'homme assis sur un rocher au bord de la mer.

Haut., 45 cent.; larg., 28 cent.

58 — Étude de la figure de la Vierge pour le tableau de l'Assomption.

Haut., 43 cent.; larg. . 28 cent.

59 — Étude d'un pied pour le tableau de l'Assomption de la Vierge.

Haut., 16 cent.; larg., 12 cent.

60 — Étude des draperies pour le même tableau.

Haut. 37 cent.; larg., 27 cent.

61 — Autre étude de draperies pour le même tableau.

Haut., 33 cent.; larg., 22 cent.

62 — Étude de draperie.

Haut., 21 cent.; larg., 33 cent.

63 — Étude de bras et de main.

Haut., 33 cent.; larg., 24 cent.

Groupe en bronze.

64 — Mars et Minerve que l'Hymen réunit.

Un amour conduit avec un lien de fleurs l'aigle d'Autriche qui semble se rapprocher de l'aigle de France.

Groupe composé par Prud'hon pour servir de couronnement à la Psyché offerte par la ville de

Paris à l'impératrice Marie-Louise; ce groupe fut modelé par Roguet et exécuté par Thomire et Odiot.

Ce bronze est une épreuve unique surmoulée par Barbedienne, d'après le plâtre original qui n'existe plus.

Mademoiselle Meyer.

65 — Dessin pour un portrait en buste de mademoiselle Émilie Prud'hon.

Haut., 35 cent.; larg. 27 cent.

La Vente a produit en tout 33,842. francs.

Dessins par Prud'hon
(*Collection de M. de Boisfremont fils*)
Vente du 9 avril
Me Charles Pillet, commissaire-priseur;
M. Francis Petit, expert.

1 — Dessin pour servir au portrait en pied de l'impératrice Joséphine. — 700 fr.

2 — Dessin pour le même portrait. — 480 fr.

3 — Autre dessin pour le même portrait. — 800 fr.

4 — Dessin pour servir au portrait en pied de la reine Hortense. — 1,030 fr.

8 — Esquisse peinte pour servir à un portrait en pied de Mme D***. — 310 fr.

9 — Dessin pour le même portrait. — 405 fr.

12 — Portrait de M. de Mesmay (Salon de 1808). — 3,000 fr.

14 — Dessin pour l'Assomption de la Vierge. — 1,000 fr.

15 — Autre dessin, même sujet, composition différente. — 1,450 fr.

17 — Dessin rehaussé pour l'Ecole Française. — 1,300 fr.

21 — Vénus au bain, esquisse peinte. — 2,300 fr.

23 — Psyché, esquisse peinte. — 735 fr.

25 — L'Abondance, esquisse peinte. — 780 fr.

26 — Dessin pour le tableau de Mlle Mayer: L'Innocence préfère l'Amour à la Richesse. — 1,000 fr.

27 — Dessin pour le tableau de Mlle Mayer : Le Flambeau de Vénus. — 700 fr.

28 — Naïade lutinée par les Amours, tableau de Mlle Mayer (Salon de 1812). — 6,800 fr.

29 — Esquisse peinte pour ce tableau. — 1,600 fr.

30 — Dessin pour la même composition. — 1,040 fr.

35 — Deux études de différents groupes d'Amours. — 625 fr.

44 — Etude de femme assise. — 405 fr.

44 — Etude d'homme assis. — 475 fr.

50 — Etude de femme debout tenant une lyre. — 405 fr.

51 — Etude de femme vue de dos. — 400 fr.

56 — Etude de femme debout arrangeant sa coiffure. — 380 fr.

64 — Mars et Minerve que l'Hymen réunit, groupe bronze. — 1,000 fr.

Cette vente intéressante a produit 33,842 francs.

Ch. Filhon.

DURAND-RUEL, [...] modernes, rue Laffitte, 16.

FEBVRE, expert en tableaux et objets d'art, rue St-Georges, 14.

FULGENCE, expert en objets d'art et de curiosité, 17, rue de Provence.

GANDOUIN, expert en tableaux et objets d'art, 16, rue Saint-Georges.

E. JUSTE AINÉ, expert en objets d'art, armes anciennes, 40, rue Rodier.

LOUTREL, expert en tableaux, dessins et objets d'art, 35, rue des Abbesses-Montmartre.

MANNHEIM, expert en objets d'art et de curiosité, 7, rue Saint-Georges.

MARTIN, expert en tableaux et dessins modernes, 32, rue Laffitte.

ODOARD, Expert en tableaux anciens et modernes, 98, boulevard Haussmann.

PETIT, expert en tableaux, 7, rue Saint-Georges.

THÉRET (père), expert en tableaux et objets d'art, 40, rue des Saints-Pères.

Guide de l'Amateur

A PARIS

—

ALPH. GIROUX, EXPOSITION DE TABLEAUX MODERNES, boulevard des Capucines, 43.

BEURDELEY, Curiosités, Bronzes, Tableaux, 32, rue Louis-le-Grand.

www.ingramcontent.com/pod-product-compliance
Ingram Content Group UK Ltd.
Pitfield, Milton Keynes, MK11 3LW, UK
UKHW020521180726
13839UKWH00005B/2226

9 782329 488462